DAS SIND DIE WEINBRAND-BOHNEN...
FEIN! DIE NEHM' ICH...
WANN PFLANZT MAN SIE AM BESTEN?

VIEL SPASS IM GARTEN

Cartoons und Nonsens von

Uli Stein

Lappan

Uli Stein, 1946 in Hannover geboren, stürzte sich nach einigen Semestern Pädagogik als Satiriker, Nonsens-Schreiber und vor allem als Cartoonist ins freischaffende Berufsleben. Seine dicknasigen Figuren mit Spiegeleieraugen und seine verschmitzten Katzen, Hunde und Mäuse begeistern Woche für Woche Millionen von Zeitschriftenlesern. Auf Hunderten von verschiedenen Karten und zahllosen Geschenkartikeln sind sie inzwischen zu finden. Seine bisher im Lappan Verlag erschienenen Bücher haben eine Gesamtauflage von über sieben Millionen Exemplaren erreicht und zählen zu den erfolgreichsten Cartoonbüchern überhaupt. Einige Titel liegen in französischer, portugiesischer, türkischer und englischer Übersetzung vor.

Gedruckt auf chlorfrei gebleichtem Papier

303. - 402. Tausend
11. Auflage Oktober 2000

Postfach 3407 · 26024 Oldenburg
Konzept und Gestaltung: Dieter Schwalm
Gesamtherstellung: Proost International Book Production
Printed in Belgium · ISBN 3-89082-866-3

Postfach 101969 · D-30840 Langenhagen
Fax: 0511/72616-47, http: www.catprint.de

Uli Stein im Internet: www.ulistein.de

Meine Frau ist verreist, aber sie hat mir für alles Zettel hingelegt…

Profi-Tips:

Lore M. aus K.: *Mein Zimmerfarn hat in letzter Zeit so einen metallischen Schimmer. Woran kann das liegen?*

Das Wasser, mit dem Sie gießen, ist offensichtlich zu eisenhaltig. Geben Sie in Zukunft einen Löffel Enteiser ins Gießwasser!

Das Umgraben im Frühjahr ist nicht nur gut für den Boden, sondern auch für die Kondition. Wenn es nur nicht so langwierig wäre. Mit Dr. Zimmermanns Dopppelspaten geht es in der halben Zeit!

Ich werde jetzt mal das Balkongrün beschneiden…
das wollte ich schon vor einem halben Jahr,
als wir hier eingezogen sind…

Biologisch düngen:

Aus dem Kot eine Tugend machen!

STEIN

Lästige Maulwürfe schaffen Sie sich so vom Halse:

Vor dem Maulwurfshaufen bauen Sie ein Kofferradio auf, das Sie auf volle Lautstärke drehen.

Der Maulwurf, der gerade dabei ist, sich auf den Winterschlaf einzustimmen, wird über den Lärm erbost sein und das tun, was wir alle in solchen Situationen tun würden: verstimmt mit dem Besenstiel gegen die Decke bollern, damit da oben der Krach aufhört.

Irgendwann wird er dabei unweigerlich aus Versehen mit dem Besenstiel durch seinen Haufen stoßen. Und genau auf diese Gelegenheit hat der erfahrene Gärtner gewartet:

...der jetzt blitzschnell den Besenstiel packt und mit einem kräftigen Ruck hochzieht. Noch bevor der Maulwurf so recht weiß, wie ihm eigentlich geschieht, hat man ihn schon am Schlafittchen und kann ihn dann im Schutz der Dämmerung unterm Zaun hindurch auf das Nachbargrundstück abschieben.

25 von 100 Kleingärtnern ahnen gar nicht, was ihnen alles blüht!

Wir könnten ihn wegoperieren,
aber dann kriegen wir Ärger mit den Grünen…

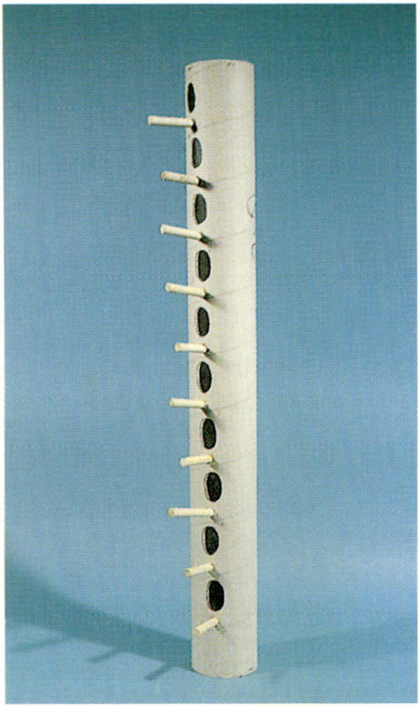

Wer nur ein kleines Gärtchen mit nur einem einzigen Baum sein eigen nennt, möchte den nicht auch noch mit einem Dutzend Nistkästen vollhängen. Will man trotzdem eine große Vogelschar um sich haben, greift man zu Dr. Böttchers „Maxi-Nistkasten“.

Übrigens…

…nicht immer lohnt sich die Anschaffung eines Motorpflugs. Besitzer kleinerer Gärten sollten sich deshalb nach einem wesentlich preiswerteren Charterpflug umsehen.

Viele Hunde sind des Rasen Tod!

(Kleingärtnererfahrung)

...daß sich englische Gärtner mit ‚Heu do you do?', spanische mit ‚Aster la vista!' und deutsche mit einem zackigen ‚Pflückauf' begrüßen?

...daß ein mickriger Kaffeestrauch noch lange kein Bohnsai ist?

PFLANZEN SCHUTZ REPORT

Zu häufiges Autowasche Achtlosigkeit bei der Inspektion und unabläss ges Wienern der Chromteile gefährden eine ganz Reihe von seltenen Pflanzen, die an unseren Auto noch vor zwanzig Jahren heimisch waren, aber mit lerweile bedroht oder ga schon ausgestorben sind Hier die am meisten gefährdeten Arten:

Schmierblättriger Ölwannerich, verbessert die Luft im Motorraum. Wird bei der Inspektion oft mit dem Ölmaßstab verwechselt und achtlos herausgezogen.

Kühlerwinde. Bildet häufig eine Wachs- und Blühgemeinschaft mit der genügsamen Haubnessel. Ist besonders unempfindlich gegen Zugluft und anfliegende Insekten. Natürliche Feinde: Auffahrunfälle und Scheuerpulver.

Kreuzschlüsseliges Felgentäschel. Entfernt verwandt mit dem Achsschenklerich. Soll beim Radwechsel kühl und dunkel aufbewahrt werden, bevor es wieder an seinen Platz zurückkehrt.

Keilige Riemenflechte, gehört zur Familie der Pannengewächse, ist aber ungefährlich, wenn man sie im Frühjahr und im Herbst (nach dem Abblühen) immer behutsam zurückschneidet.

Der Winter naht...!

Macht man im Herbst letzte Gartenarbeiten, stößt man unter Laubhaufen nicht selten auf Blindschleichen, die sich bereits zum Winterschlaf zurückgezogen haben und schon in ihre Winterstarre gefallen sind. Behutsam wieder mit Laub zudecken und schön schlafen lassen, gell?

Ab Mitte November: Kerzenernte!

Ganz wichtig: Die Rosen winterfest machen

Jetzt an Ihrer Gartenleiter die Sommersprossen gegen die Wintersprossen tauschen!

ER MACHT ES SICH IMMER GANZ SCHÖN EINFACH!

Was dem Angler sein Latein, ist dem Gärtner sein Blattdeutsch!

„Soll ich dir sagen, wie ich gemerkt habe, daß du in unbeobachteten Momenten immer dein Vollkornmüsli hinter dich schüttest...?“

WAS IST DAS? DÜNGER?
NEIN... DEINE KOMISCHEN SKATFREUNDE HABEN BIER UND KORN IN MEINE PALME GEGOSSEN...
...ES IST EIN ASPIRIN...
STEIN

Sie fragen – wir antworten!

Martina F. aus H.: *Während bei meiner Freundin die Geranien wunderhübsch angegangen sind, wuchern bei mir nur kraklige Gebilde. Was soll ich tun?*

Die Geranien wieder herausnehmen und richtig herum einpflanzen.

Erika V. aus L.: *Anstatt hübsch gerade nach oben zu wachsen, ist mein Zimmerfarn schief und krumm. Was habe ich falsch gemacht?*

Zimmerfarne gehören zu den neugierigsten Gewächsen. Wenn Sie Ihren Farn auf den Fernseher stellen, so will er natürlich was vom Programm sehen. Er reckt sich dann wie auf Ihrem Foto. Plazieren Sie ihn am besten so, daß er das Fernsehgerät immer gut im Auge hat.

Nichts ist ärgerlicher...

...als wenn man sich beim Harken dauernd bücken muß, um die lästigen Schnecken aufzusammeln. Wir raten:

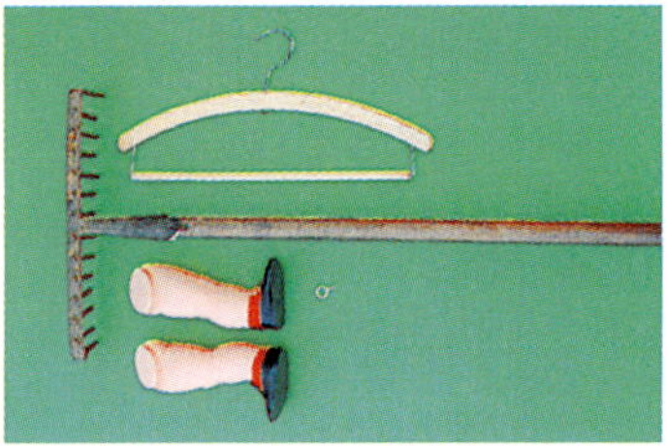

Besorgen Sie sich einen Hosenbügel, eine Öse und zwei ausrangierte Puppenbeine.

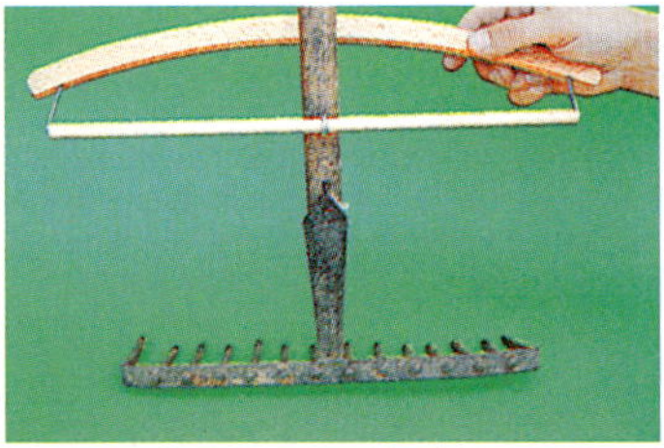

Befestigen Sie die beiden Beine an den Bügelenden und das Ganze an der Harke.

So können Sie unbeschwert darauflosharken und sobald Sie auf eine Schnecke treffen...

...sie mit einem kurzen, aber kräftigen Tritt auf den Bügel in Nachbars Garten kicken.

ICH ? DEN GARTEN UMGRABEN? ICH WÜSSTE GAR NICHT WONACH ICH SUCHEN SOLLTE...?

Anzeige:

Blumenpott-Pourri mit den schönsten Farnliedern der letzten zwanzig Jahre, zum Beispiel mit „Old McDonald had a farn…“, „Theoooooooo – wir farn nach Lodz“, „Es farn zwei Königskinder…“ und vielen anderen.
(Von Farner Borthers Comm.)

Wunder der Natur?

(Folge 284)

Heute: Der Wiesencampignon

Wußten Sie schon…

…daß besonders ehrgeizige Gartenfreunde auch als Strebergärtner bezeichnet werden?

AUF DIE HARKE GETRETEN? NA NUN STELLEN SIE SICH MAL NICHT SO AN... SIE HABEN JA NOCH NICHT MAL 'NE BEULE!
STEIN

ICH GLAUBE NICHT, DASS MAN DICH SO AUF DIE FENSTERBANK LÄSST...

MEIN NEUES HOBBY: MACH ICH AUS GEPRESSTEN BLUMEN...
TOLL!
UND WIE PRESST MAN DIE?
ERWIN? KANNSTE MAL EBEN AUFSTEHEN...?

Blumentopferde muß regelmäßig gelockert werden. Schnell, bequem und sauber macht das dieser elegante französische Blumenübertopf mit elektrisch betriebenem Lockerungswerk (stufenlos schaltbar).

Übrigens...

...wer auf ein eigenes Gärtchen sparen will, sollte von Dewiesenspekulationen die Finger lassen. Wer sein Geld nicht in einen Baumsparvertrag einzahlt, sollte zumindest ein Kompostsparbuch anlegen.

Das sollten Sie...

...zur Hand haben, falls Sie mit Ihrer Gartenschubkarre mal eine Panne haben: ein Farndreieck.

KEINE AHNUNG WIE ER HEISST...ICH KENNE IHN AUCH NUR VOM SÄEN...
STEIN

Umtopfen leichtgemacht!

Das Umtopfen der Zimmerpflanzen war bislang eine mühevolle Angelegenheit – vor allem, wenn sich der grüne Liebling nicht aus dem Topf herausnehmen lassen wollte. Die Geschenkidee: Dr. Körbers Schnell-Umtopfübertopf:

Ein Knopfdruck genügt und die Pflanze wird mitsamt Wurzelwerk ausgefahren und braucht nur noch umgesetzt zu werden.

SELBSTVERSTÄNDLICH LIEFERN WIR IHNEN DEN KAKTUS AUCH NACH HAUSE! DAFÜR IST UNSER HERR KARL ZUSTÄNDIG...
HERR KARL...?

Man muß sich nach der
Hecke strecken!

(Alte Gärtnerregel)

‚Das geht ja wohl nicht mit
rechtem Düngen zu!'

(Fassungsloser Kleingärtner über die Riesentomaten
seines Nachbarn)

Samentütchen sind aller
Aster Anfang!

(Alte Gärtnerregel)

WAS MEINST DU MIT "ES GIBT ÜBERHAUPT KEINE MAXI-BONSAIS!"?

Fein raus...

...sind Sie, wenn Sie im Frühjahr einen langen Faden durch alle Blätter gezogen haben: dann brauchen Sie im Herbst das heruntergefallene Laub nur noch aufzuwickeln!

KANN ES SEIN, DASS DU UNSERE NEUE KLETTERPFLANZE ZU WENIG GIESST?

Regenwasser ist gerade für Zimmerpflanzen ideal. Wer seine Blumen liebt, besorgt sich ein Wässerungs-Set im Fachhandel: Einen Rinnenkragen und zwei Blumentopfhalterungen ...

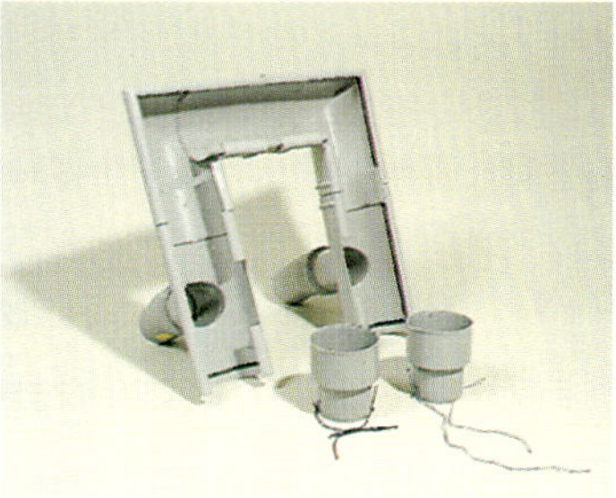

Die Topfhalter werden einfach auf den Schuhen befestigt ...

...und wenn Sie dann auf dem täglichen Weg ins Büro den Rinnenkragen anlegen,

werden ihre Blumentöpfe mühelos und perfekt bewässert!

Auf eine Harke zu treten, ist ja schon unangenehm genug –
aber nun raten Sie mal, was mir gerade passiert ist…

Wenn ein Aschenbecher fehlt, vergreifen sich die Raucher gern an den Blumentöpfen, was den Pflanzen nicht gerade zuträglich ist. Weitsichtige Blumenfreunde verwenden deshalb Übertöpfe mit eingearbeitetem Notascher.

Wußten Sie schon...

...daß Pflanzplantation der gärtnerische Fachausdruck für Umtopfen ist?

...daß man alte, erfahrene Gärtner auch als Säbären bezeichnet.

Sternstunden des Hobbygärtners:

Der Gummibaum blüht!

Wenn ich meine Brille
wiedergefunden habe, helfe ich auch bei der Suche nach ihrer entlaufenen Blindschleiche. Vorher nehmt ihr aber erst mal den Fuß vom Schlauch…

Hier spricht der Gartenexperte:

Christa W. aus W.:
Warum haben Blumentöpfe eigentlich immer ein Loch im Boden?

Nichts ist für prächtigen Wuchs so gut wie Regenwasser. Und die gängigste Methode, Topfpflanzen Regenwasser zukommen zu lassen, ist nun mal, sie an Regentagen auf dem Schirm mit nach draußen zu nehmen – auf dem Weg zur Arbeit oder auf einem Spaziergang...

...und wie soll der Topf auf dem Schirm halten, wenn man die Schirmspitze nicht durch das Loch stecken kann? Also!

KOMISCH– UNSERE MÖHREN WERDEN DIESES JAHR ÜBERHAUPT NICHT GRÖSSER !

Bücher, die Spaß bringen!

ISBN 3-89082-974-0

ISBN 3-89082-972-4

ISBN 3-89082-970-8

ISBN 3-89082-968-6

ISBN 3-8303-4004-4

ISBN 3-8303-4015-X

ISBN
3-8303-3000-6

ISBN
3-89082-879-5

ISBN 3-8303-4000-1

ISBN 3-8303-4016-8

Natürlich aus dem

LAPPAN VERLAG

Wir informieren Sie gern über das komplette Programm von Uli Stein und Lappan.

Postkarte genügt: Lappan Verlag GmbH · Postfach 3407 · 26024 Oldenburg oder Sie besuchen uns im Internet unter: www.lappan.de oder per e-mail: info@lappan.de